머리말

KB191384

　인생을 돌아본다는 것은 자신의 인생에 대한 희로애락을 음미하는 일이기도 하고 재평가할 수 있는 기회이기도 하다. 노년기에는 자신의 인생을 자연스럽게 되돌아보게 되는데, 자신의 삶이 최선을 다해 노력한 삶이었다고 생각하며 자신을 긍정적으로 평가할 때 남은 인생에 대해서도 자연스럽게 받아들이게 된다. 그러나 과거의 생이 불만스럽거나 실패했다고 생각하는 경우, 또는 남은 시간이 부족하다고 생각하는 경우 절망감을 가지게 된다. 따라서 자신의 삶을 돌아보고 즐거웠던 추억을 회상하며 자신의 삶을 가치 있게 생각하는 것은 매우 중요한 노년기의 과제이다.

　자신의 인생을 돌아보고 과거의 경험 중에서 의미 있는 것에 대해 떠올리는 회상을 통해 노인은 자신의 모습을 되찾고, 과거의 자신과 현재의 자신을 연결한다. 치매환자의 경우에도 최근 일을 잘 기억하지 못하는데 비해 오래 전 기억은 비교적 잘 기억하므로, 과거에 있었던 일을 회상하여 다른 사람에게 들려주는 일은 치매노인에게 큰 즐거움을 준다. 지나간 일을 자랑스럽게 회상하면서 자존감이 높아지기도 하며, 우울감에서 벗어나기도 한다. 또한 회상을 통해 자신의 현재 상황에 대해 판단하는데 도움을 받으며, 자신에 대해 새로운 정체감을 만들게 된다.

　이 책은 "회상"이라는 테마를 바탕으로 기획되었다. 특히 어린 시절 즐겁게 놀았던 추억의 놀이나 취미와 연관된 그림들은 보는 것만으로도 흐뭇한 미소를 머금게 한다. 이 책은 추억놀이와 관련한 회상 질문에 답하면서 추억을 반추해보며, 추억놀이와 관련된 소재로 인지 활동지를 풀어보실 수 있게 구성되어 있다. 또 같은 주제의 추억놀이 색칠하기를 하면서 어린 시절의 즐거웠던 기억에 오래 머무르실 수 있도록 기획하였다.

이 책을 통해 노년기에 있는 많은 분들이 어린 시절 추억놀이를 떠올리며 즐거워하실 모습을 기대하며..

저자 윤소영

목 차

이 책의 활용법

이 책은 48장의 추억놀이 회상카드 중 30장의 그림을 바탕으로 기획, 제작되었다. 교재의 전체적인 구성은 왼쪽 페이지에는 회상을 할 수 있는 그림과 질문, 인지활동 문제로 구성되어 있고, 오른쪽 페이지는 추억놀이와 관련된 그림을 색칠할 수 있도록 구성되어 있다.

회상

- 어릴 때 딱지는 주로 무엇으로 만드셨나요?

- 딱지치기에서 이기는 비법에는 어떤 방법이 있을까요?

- 동네에 딱지치기 왕이 있었다면 누구일까요?

왼쪽 "회상"은 추억놀이 회상카드 원본 그림과 함께 추억놀이와 관련된 질문을 실어 두었다. 제시된 질문에 답을 해보면서 과거의 추억을 떠올릴 수 있다.

인지 활동 위의 그림과 아래의 그림을 비교해보고 다른 부분을 5개 찾아 아래 그림에 ○ 해 주세요

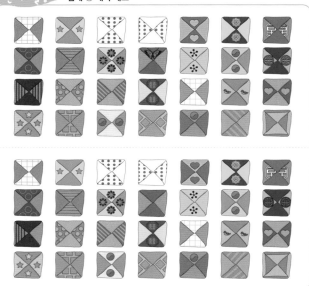

왼쪽 아래의 인지활동지는 회상그림이나 소재를 활용하여 집중력, 시·공간력, 언어능력, 판단력, 수계산력 등 인지를 자극하는 문제들로 구성되어 있다. 인지활동지의 문제 소재가 회상카드의 그림과 연계되어 있어 주제에 대한 흥미와 집중력을 높일 수 있다.

오른쪽 페이지에는 추억놀이 관련 스케치가 실려있어 색칠 활동을 할 수 있다. 추억놀이 회상카드를 보며 따라 색칠해도 되고 자유롭게 색칠해도 좋다.

이 책의 활용법

이 책은 그때 그 시절 추억놀이 회상카드를 함께 활용하면 다양한 회상프로그램으로 운영 가능하다.

추억놀이 회상카드

이 카드는 치매예방과 기억력 향상을 위해 노인들이 과거를 회상할 수 있는 추억놀이 그림 48장으로 구성되어 있다. 추억놀이 회상카드를 보며 과거의 즐거운 경험을 떠올리고 공유하게 하는 활동은 노년기의 정서적 안정, 자존감 향상, 기억력 향상, 사회적 상호작용능력 향상을 돕는 일이다. 박스 구성으로 보관하기 쉬우며, 상담, 집단활동 등에 다양하게 활용할 수 있다.

치매예방을 위한 회상활동

그때 그 시절

추억 색칠하기 + 인지 워크북 - 추억놀이편

딱지치기

회상

- 어릴 때 딱지는 주로 무엇으로 만드셨나요?

- 딱지치기에서 이기는 비법에는 어떤 방법이 있을까요?

- 동네에 딱지치기 왕이 있었다면 누구일까요?

인지 활동

위의 그림과 아래의 그림을 비교해보고 다른 부분을 5개 찾아 아래 그림에 ○ 해 주세요

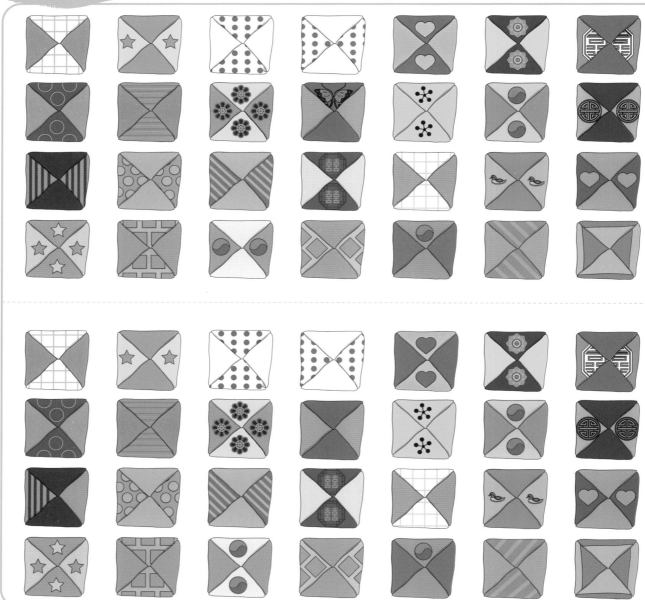

철길놀이

회상

- 어릴 때 철길은 어디에 있었나요?

- 철길에서 놀던 놀이들을 적어보세요.

- 가장 기억나는 기차 여행지는 어디인가요?

인지 활동

왼쪽 교통수단과 관련 있는 그림을 오른쪽에서 찾아 선으로 연결해 보세요.

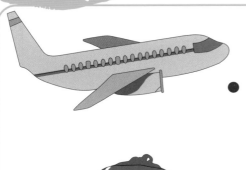

꼭두각시놀이

회상

- 꼭두각시놀이를 언제 어디서 해보셨어요?

- 꼭두각시놀이를 할 때 어떤 음악이 나왔었나요?

- 기억나는 꼭두각시 동작을 해보거나 적어보세요.

인지 활동

보기와 같은 치마저고리를 1개 찾아 ○ 해 주세요.

자치기

년　월　일

회상

- 자치기를 언제 누구와 많이 하셨나요?

- 자치기 도구에는 어떤 것들을 활용했나요?

- 자치기 기술이나 놀이방법을 적어보세요.

인지 활동

왼쪽 칸의 그림과 용도가 다른 그림을 오른쪽 칸에서 찾아 ○해 보세요.

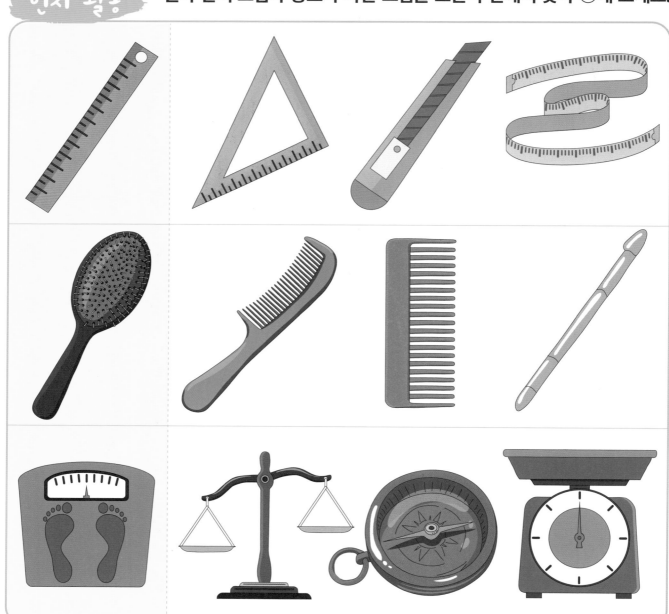

뜨개질

회상

- 뜨개질하면 생각나는 사람이 누구인가요?

- 어머니가 뜨개질로 떠주신 옷이나 소품 중 가장 기억에 남는 것은 무엇인가요?

- 뜨개질로 어떤 옷이나 소품을 떠보셨어요?

인지 활동

그림의 위쪽에는 털실로 짠 옷과 소품들이 있어요. 아래에 있는 어떤 털실로 짠 것인지 찾아 선으로 연결해 보세요.

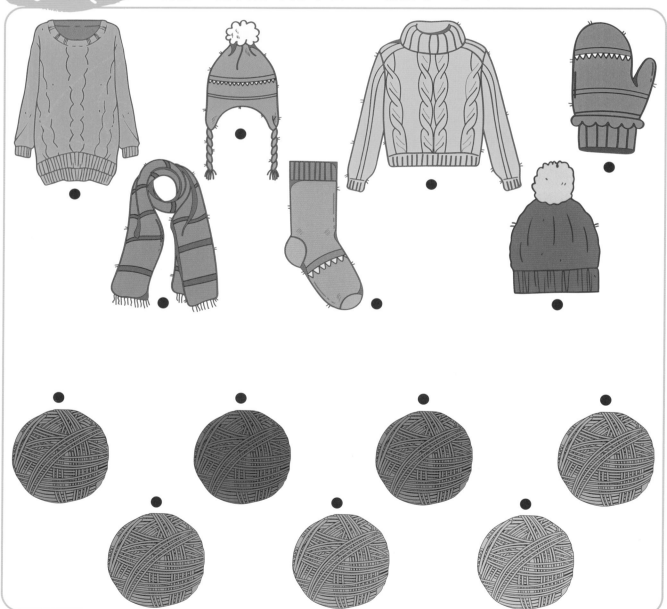

사방치기

- 사방치기 놀이를 언제 어디에서 주로 하셨어요?

- 사방치기 놀이방법을 생각나는대로 적어보세요.

- 사방치기와 관련된 추억이 있다면 적어보세요.

인지 활동

가운데 사방치기 놀이 숫자 그림에 있는 숫자와 같은 수의 그림을 찾아서 선으로 연결해 주세요.

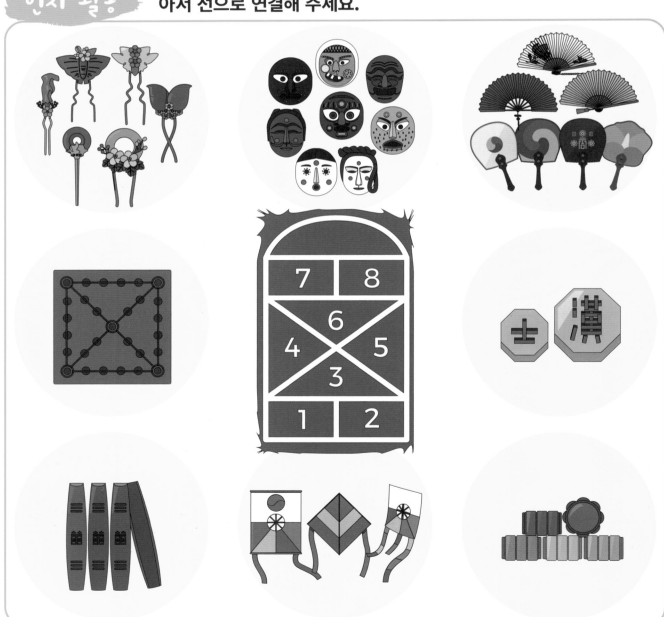

그네뛰기

회상

- 어릴 때 그네가 마을 어디에 있었나요?

- 그네뛰기를 높이 할 수 있는 방법에는 어떤 것이 있을까요?

- 그네뛰기와 관련된 재미있는 추억을 적어보세요.

인지 활동

아래 그림 중에서 같은 그림 두 개를 찾아서 번호에 ○ 해 주세요.

가마타기

년   월   일

회상

- 가마타기를 할 때처럼 손으로 가마를 만들어보세요.

- 가마타기 대결과 관련한 기억나는 추억담을 적어보세요.

- 진짜 가마를 타보신 적이 있다면 언제 타보셨나요?

인지 활동

그림의 개수가 왼쪽에 쓰여진 숫자만큼 되게 하려면 몇 개가 더 필요한지 세어서 오른쪽 칸에 동그라미로 그려넣어 보세요.

10		
11		
12		

유랑극단

회상

- 어릴 때 동네에 유랑극단이 오면 동네 분위기가 어땠나요?

- 악극단이 주로 연주했던 노래는 어떤 노래였나요?

- 약장수가 하던 기억나는 대사를 떠올려 적어보세요.

인지 활동

1. 아래 악기 그림을 보고 연주 방법이 비슷한 악기들끼리 선으로 연결해 주세요.
2. 악기 이름을 쓰거나 얘기해 보세요.

닭싸움

회상

- 어릴 때 닭싸움은 누구와 했었나요?

- 닭싸움에서 이길 수 있는 기술에는 어떤 기술이 있을까요?

- 닭싸움과 관련된 생각나는 추억을 적어보세요.

인지 활동

1. 아래 음식 중에서 닭이나 달걀을 재료로 사용한 음식을 모두 골라 ◯ 해 주세요.
2. 음식 이름을 적거나 얘기해 보세요.

계곡 피서

회상

• 자주 가셨던 계곡 이름을 적어 보세요.

• 계곡에 가서 무엇을 하고 노셨나요?

• 계곡 놀이하면 생각나는 물건이나 음식을 적어보세요.

인지 활동

1. 아래 그림에서 같은 그림이 몇 개씩 있는지 찾아서 개수를 적어주세요.
2. 도구의 이름을 적고 쓰임을 얘기해 보세요.

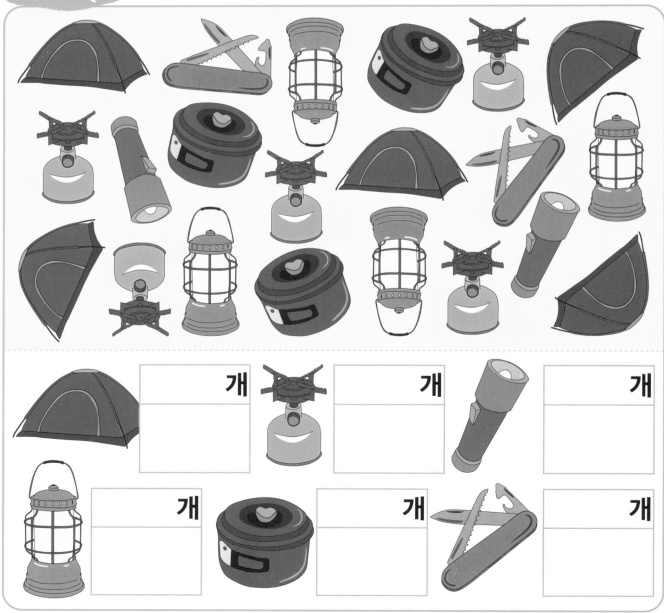

제기차기

회상

• 예전에는 제기를 어떤 재료로 어떻게 만드셨어요?

• 다양한 제기차기 놀이방법을 적어보세요.

• 제기차기하면 떠오르는 추억을 적어보세요.

인지 활동

위의 아이에서부터 선을 따라서 아래의 도구로 연결해보세요.

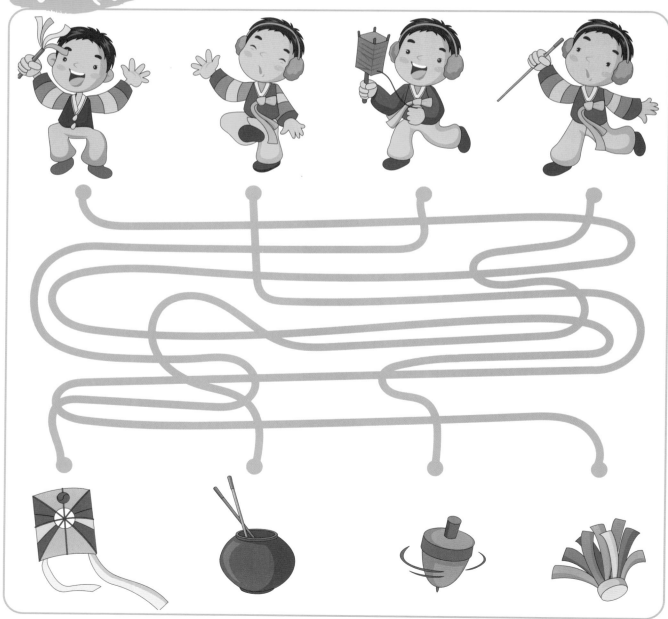

술래잡기

| 년 | 월 | 일 |

회상

- 어릴 때 술래잡기는 주로 어디에서 누구와 했었나요?

- 술래잡기 놀이방법을 떠올려 적어보세요.

- 술래에게 안잡히려면 어떻게 해야할까요?

인지 활동   아래 그림 중에서 술래와 같은 글자로 끝나는 단어를 찾아 ○ 해 주세요.

수건돌리기

년 월 일

회상

- 소풍갔을 때 했던 놀이들을 기억나는대로 적어보세요.

- 수건돌리기는 어떻게 하는 놀이인가요?

- 소풍과 관련된 기억나는 추억을 떠올려보세요.

인지 활동

손수건 6장 중 3장은 빨아서 오른쪽 그림과 같이 널었어요. 나머지 널지 않은 3장의 손수건을 찾아 ○ 해 주세요.

①

②

③

④

널뛰기

년　월　일

회상

- 널뛰기를 하거나 널뛰기 장면을 볼 수 있었던 곳은 어디였나요?

- 널뛰기를 누구와 함께 하셨나요?

- 널뛰기와 관련된 기억나는 추억을 적어보세요.

인지 활동

보기의 그림과 같은 그림의 그림자를 찾아 번호에 ○ 해 주세요.

① ② ③ ④

풀각시 · 풀피리

회상

- 어릴 때 풀을 가지고 놀던 놀이에는 어떤 놀이가 있었나요?

- 풀각시를 만들 때 어떤 풀과 재료로 만들었었나요?

- 풀피리나 버들피리를 만드는 방법을 떠올려보세요.

인지 활동

토끼들에게 같은 수의 토끼풀을 나누어 주려고 합니다. 토끼풀을 몇 개씩 나눠줄 수 있을지 오른쪽 위 칸에 적어보세요.

개

땅따먹기

회상

• 어릴 때 땅따먹기를 주로 했던 장소는 어디였나요?

• 땅따먹기 놀이방법을 떠올려 적어보세요.

• 땅따먹기와 관련된 기억나는 추억을 떠올려보세요.

인지 활동

우리나라 유명 관광지와 특산물 그림을 보고 지도에서 관련된 지역 (도)을 찾아 선으로 연결해 주세요.

숨바꼭질

회상

- 숨바꼭질은 주로 언제 어디에서 하셨어요?

- 찾기 어려운 비밀 장소에는 어떤 장소들이 있을까요?

- 숨바꼭질과 관련한 기억나는 일화를 적어보세요.

인지 활동 — 잘라진 그림들을 붙이면 어떤 그림이 될지 아래 번호에서 찾아보세요.

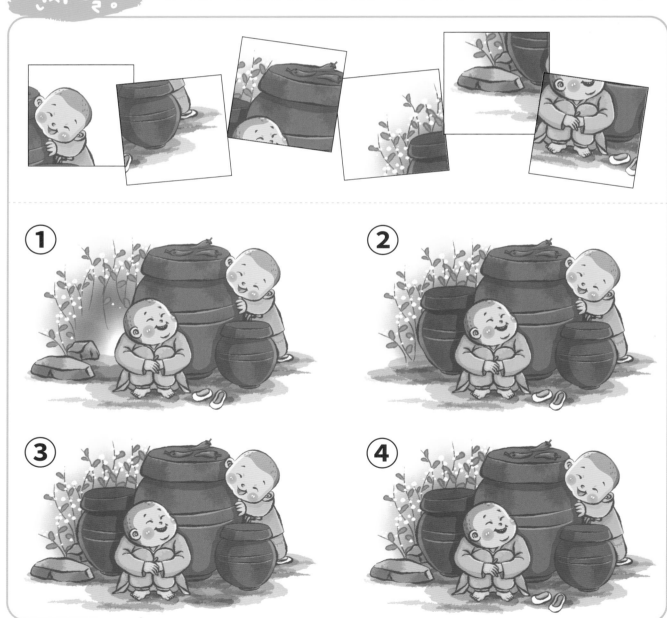

① ② ③ ④

전쟁놀이

회상

- 전쟁놀이를 할 때 무기는 무엇으로 만들었었나요?

- 주로 어디에서 전쟁놀이를 했었나요?

- 전쟁 관련된 기억나는 드라마나 영화를 적어보세요.

인지 활동

보기의 그림과 같은 조합을 찾아 번호에 ○해 주세요.

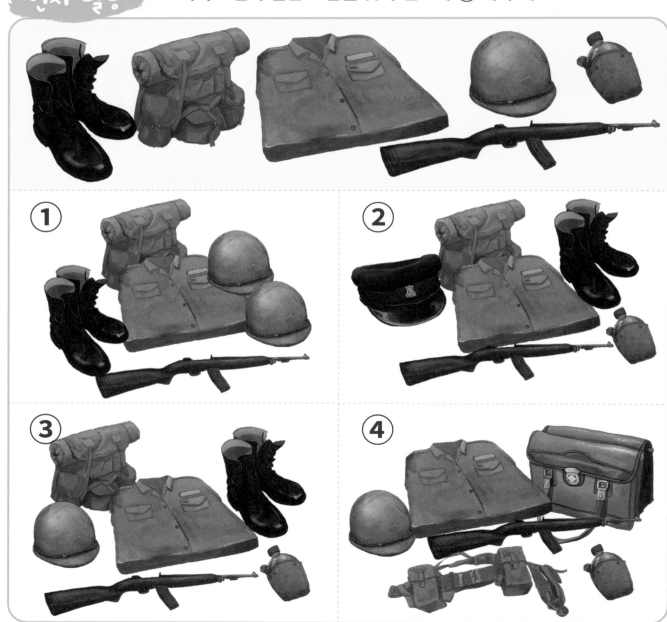

가설극장

회상

- 어릴 때 동네에 열렸던 가설극장에 대해 이야기해 주세요.

- 가설극장에 가서 어떤 것을 보셨나요?

- 가설극장과 관련된 기억나는 추억을 적어보세요.

인지 활동 서커스 공연과 관련 있는 그림만 찾아 ◯ 해 주세요.

봉숭아 물들이기

회상

• 어릴 때 봉숭아꽃이 피어있던 곳은 어디였나요?

• 봉숭아 물들이는 순서를 기억해서 적어보세요.

• 봉숭아 물이 잘 들도록 하는 비법에는 어떤 것이 있을까요?

인지 활동

1. 꽃 그림 중에서 네 글자로 된 꽃 이름에는 ◯, 세글자로 된 꽃 이름에는 △해 주세요.
2. 꽃 그림 아래에 꽃 이름을 적어보세요.

팽이치기

년   월   일

회상

- 어릴 때 팽이는 무엇으로 만들었나요?

- 팽이를 오래 돌릴 수 있는 방법을 적어보세요.

- 팽이치기와 관련된 생각 나는 추억을 적어보세요.

인지 활동

그림에서 빈 부분을 채워줄 퍼즐 조각을 아래에서 찾아 선으로 연결해 주세요.

썰매타기

회상

- 어릴 때 썰매는 주로 어디에서 타셨나요?

- 나무썰매는 누가 만들었나요?

- 겨울에 놀던 생각나는 놀이들을 적어보세요.

인지 활동

다음 중 얼음이나 눈과 관련 있는 것에는 ○, 관련 없는 것에는 X 해 주세요.

고무줄놀이

년 월 일

회상

- 고무줄놀이할 때 불렀던 노래를 부르거나 적어보세요.

- 고무줄놀이는 주로 어디에서 하셨었나요?

- 고무줄놀이를 잘하던 친구나 방해하던 친구들과 추억을 떠올려보세요.

1. 왼쪽의 글자와 같은 음으로 시작되지 않는 그림을 모두 골라 X 해 주세요.

인지 활동

2. 그림을 보고 이름을 적거나 말해 보세요.

긴줄넘기

년　월　일

회상

- 긴줄넘기는 언제 누구와 함께 주로 하셨어요?

- 긴줄넘기놀이 할 때 어떤 노래를 부르셨나요?

- 긴줄넘기에서 오래 안 걸리고 뛸 수 있는 방법을 적어보세요.

인지 활동

줄넘기를 하고 있는 아이들 중에서 3번과 5번 아이의 그림자를 찾아 맞는 번호에 ◯ 해 주세요.

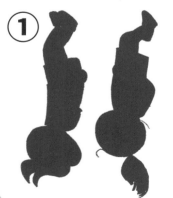
①

②

③

풍물놀이

년 월 일

회상

- 마을에서 어떤 일이 있을 때 풍물놀이를 했었나요?

- 풍물놀이에서 쓰이는 악기를 생각나는 대로 적어보세요.

- 기억에 남는 풍물놀이 추억을 적어보세요.

인지 활동 왼쪽 보기의 그림과 같은 그림을 오른쪽 그림에서 찾아 ◯ 해 주세요.

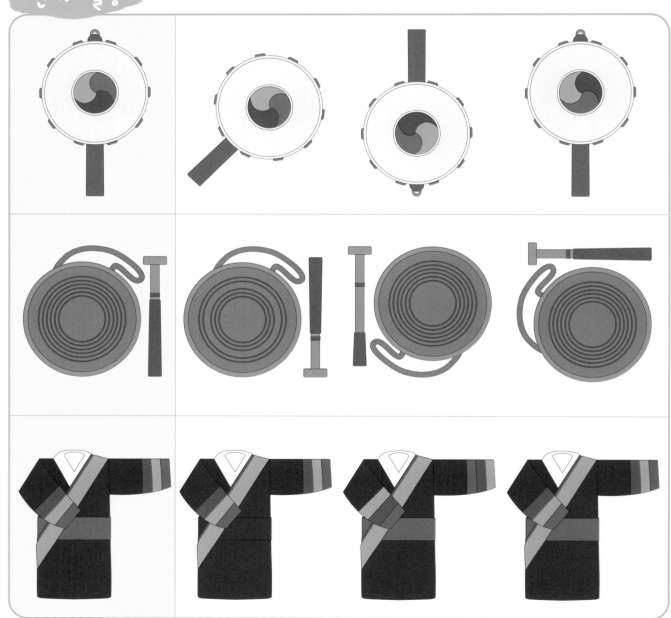

수놓기

회상

- 자수가 놓여있던 물건에는 어떤 것들이 있었나요?

- 수놓기하면 생각나는 사람이 누구인가요?

- 자수를 놓아보신 적이 있다면 어떤 것을 만들어보셨나요?

인지 활동

가운데 자수에 나오지 않는 그림 두개를 찾아 X 해 주세요.

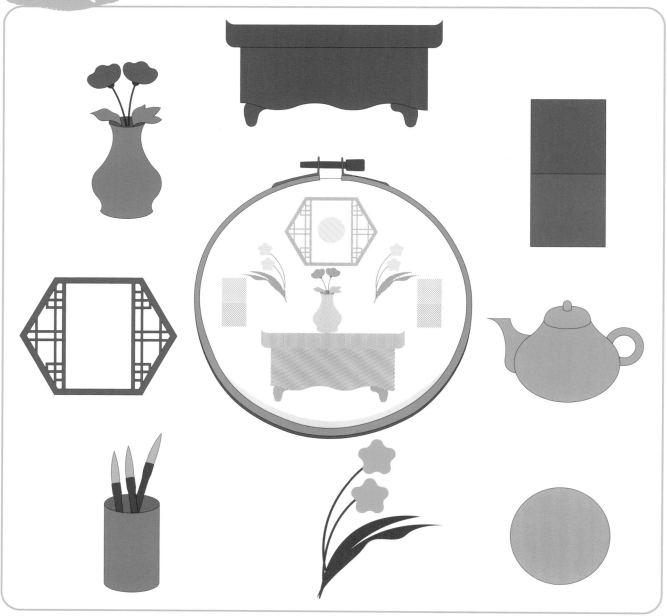

말뚝박기

년   월   일

회상

• 말뚝박기는 주로 몇 살때 하셨나요?

• 말뚝박기는 어디에서 누구와 하셨어요?

• 말뚝박기와 관련된 기억나는 추억을 적어보세요.

인지 활동

아래 그림을 보고 끝말잇기로 빈칸에 들어갈 글자를 넣어보세요.

| 말 | | | | 배 | | | | 와 | 집 |

| 집 | 배 | | | | 두 | | | 국 | |

| 수 | 영 | | | | 독 | | | 나 | |

차전놀이

회상

- 차전놀이를 언제 해보거나 보셨어요?

- 마을에서는 주로 언제 차전놀이를 했었나요?

- 차전놀이는 어떻게 해야 이기는 놀이인가요?

인지 활동 아래 그림에서 숨은 그림 5개를 찾아 ◯ 해 주세요.

부채춤

회상

- 부채춤은 주로 언제 해보거나 보셨나요?

- 부채춤에 사용되던 부채는 어떻게 생겼었나요?

- 부채춤에서 가장 기억나는 장면은 어떤 장면인가요?

인지 활동

위의 그림과 아래의 그림을 비교해보고 틀린 그림 5개를 찾아 아래의 그림에 ◯ 해 주세요.

추억 회상일기 쓰는 법

오래 전 장기기억들을 회상하는 훈련도 치매예방에 매우 중요합니다.
다음 소재들을 참고로 하여 과거의 기억나는 일들을 회상해 보세요.
주제별로 회상일기도 적어보세요.

첫사랑	소풍	좋아하던 노래	좋아했던 가수
결혼식	기억나는 선생님	어릴 때 놀이	별명
어머니	아버지	할머니/할아버지	화장실
배고팠던 기억	좋아했던 음식	첫 직장	혼났던 일
내가 좋아한 사람들	나를 좋아해준 사람들	젊은 시절 특기	자녀가 태어난 날
예방주사	내 집 마련	불 / 물	과일 서리
심부름	친척들	명절날	행복했던 기억들
손녀 손자	아이들 결혼식	태풍/홍수	칭찬받은 기억
곤충잡기	부모의 가르침	좋아했던 배우	배웠던 기술
좋아했던 공부	친구와의 일탈	동물 관련 추억	슬펐던 기억
기억에 남는 영화	기억에 남는 드라마	기억나는 여행지	연애
기억나는 선물	아끼던 옷	자녀의 어릴 때 장점	뿌듯한 자녀
태몽	계절 관련 일화	어릴 때 단짝 친구	고향
군대생활	반려동물	부모의 생애	집안 행사
작명	시집살이	처갓집	민간요법
부모님이 좋아하셨던 음식	특별한 선물	어릴 때 형제자매	이사
기억나는 이웃	새 옷	아들/딸	마을 행사

추억 회상일기

제목: _____

제목: _____

추억 회상일기

제목: _____

제목: _____

오늘의 기억

년	월	일	요일	날씨 ☀ ☁ ☁ ☁ ☁ ⚡

기상시간			

식사 시간	아침	점심	저녁

오늘 먹은 음식			

만난 사람			

방문한 곳			

오늘 입었던 옷			

사용한 돈	사용한 곳	금 액

기억에 남는 일	

오늘 나의 감정

오늘의 기억

년	월	일	요일	날씨 ☀ ☁ ☁ 🌧 ☁ ⛈

기상시간			

식사 시간	아침	점심	저녁

오늘 먹은 음식			

만난 사람			

방문한 곳			

오늘 입었던 옷			

사용한 돈	사용한 곳		금 액

기억에 남는 일	

오늘 나의 감정

오늘의 기억

	년	월	일	요일	날씨 ☀ ☁ ☁ 🌧 🌨 ⛈

기상시간			
식사 시간	아침	점심	저녁
오늘 먹은 음식			
만난 사람			
방문한 곳			
오늘 입었던 옷			

	사용한 곳	금 액
사용한 돈		

기억에 남는 일	

오늘 나의 감정

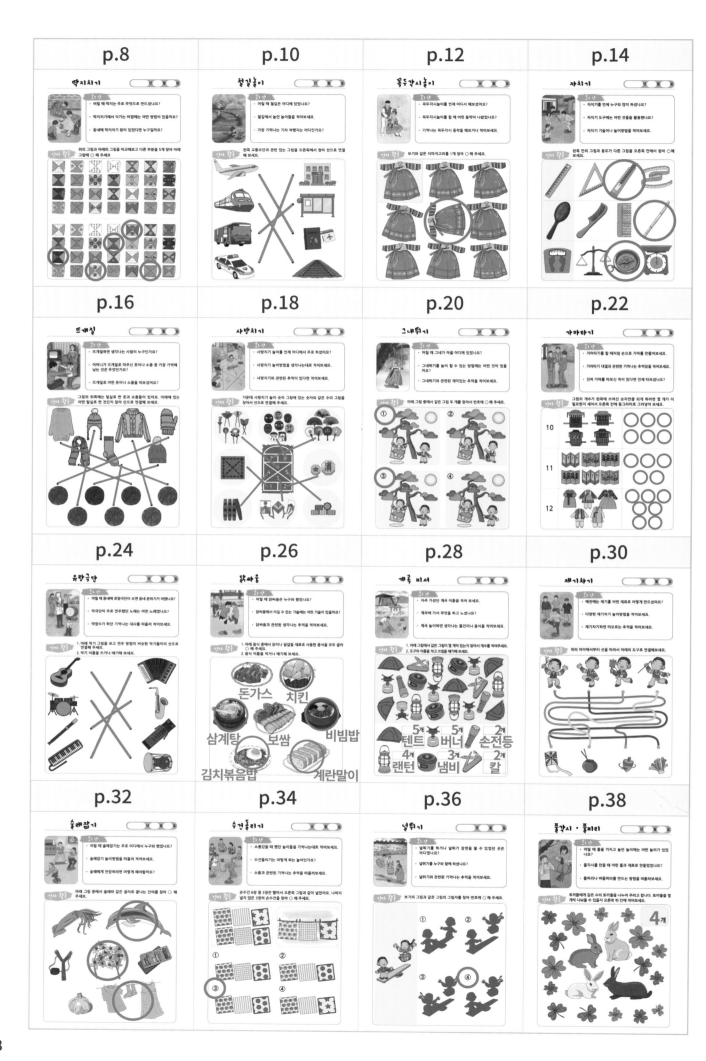

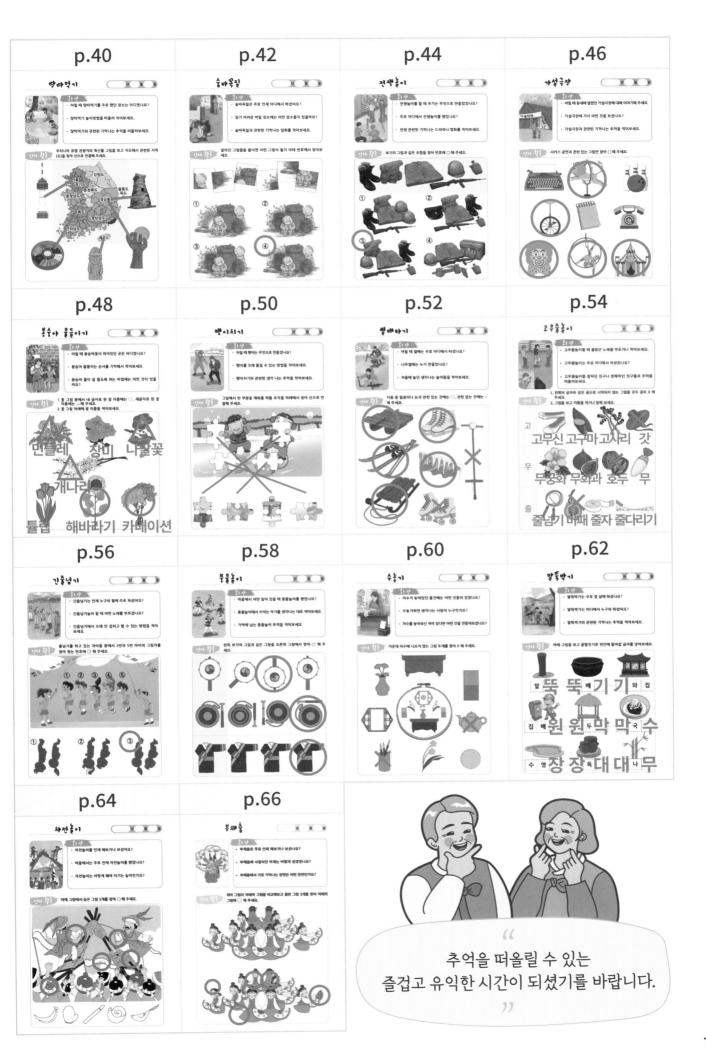

저/자/소/개

윤소영 on-edu@nate.com

건국대학교를 졸업하고, 건국대학교 교육대학원에서 학습·진로컨설팅 및 평가과정을 공부하며 유아에서 노인에 이르는 전 생애에 걸친 다양한 교육의 필요성을 더욱 절감하게 되었다. 현재 (주)한국실버교육협회 대표이사, (주)하자교육연구소 및 하자교육컨설팅 대표, 한국영상대학교 외래교수로 재직하고 있고 장기요양기관 심사위원으로도 활동하였다. 치매예방 및 노인을 위한 교재, 교구를 개발·보급하면서 치매예방 온라인교육 플랫폼 인지넷, 내봄 평생교육원도 함께 운영하고 있다. 주요 저서로는 『치매예방과 관리』『치매예방을 위한 뇌훈련 실버인지놀이 워크북 01권, 02권, 03권』『치매예방을 위한 회상활동 추억 색칠하기+인지 워크북』『치매예방을 위한 회상활동 추억 색칠하기+인지 워크북 – 추억놀이편 플러스』『치매예방을 위한 뇌훈련 실버인지 속담놀이 워크북』『치매예방 두뇌 트레이닝 추억의 퀴즈 테마 워크북 1권, 2권』『노인 회상 이야기카드』『마음읽기 감정카드』『추억놀이 회상카드』『실전 전래놀이 운영 프로그램』『재미있고 실용적인 시니어 책놀이 운영 프로그램』『실버 인지미술 운영 프로그램』『자녀에게 남기는 인생 기록 부모 자서전』『공감대화를 위한 사진 질문카드』『단어 상식&어휘력 향상 두뇌운동 단어퀴즈 워크북』등이 있다.

치매예방을 위한 회상활동
추억 색칠하기+인지 워크북 – 추억놀이편

1판 1쇄 발행 ● 2020년 10월 25일
1판 11쇄 발행 ● 2024년 9월 10일

지 은 이 ● 윤소영
펴 낸 곳 ● **(주)한국실버교육협회**
　　　　　　경기도 성남시 분당구 운중로 122 601호
디 자 인 ● (주)경상매일신문 디자인사업국
대표전화 ● 02-313-0013
홈페이지 ● www.ksea.co.kr
　　　　　　www.injinet.kr
이 메 일 ● ksea7777@daum.net
I S B N ● 979-11-964859-6-2 (03380)

정가 13,000원

이 도서의 국립중앙도서관 출판예정도서목록(CIP)은 서지정보유통지원시스템 홈페이지(http://seoji.nl.go.kr)와 국가자료종합목록 구축 시스템(http://kolis-net.nl.go.kr)에서 이용하실 수 있습니다. (CIP제어번호 : CIP2020044120)